그림으로 보는
고구려 역사 1

글 | 이흔

한국외국어대학교에서 영어교육학을 공부했습니다. 우리 역사와 전통 문화를 좋아하여 이에 관한
어린이책을 기획하며 글을 쓰고 있습니다. 지은 책으로는 《또복이와 덤벙이의 집짓기》
《사람 마을에 온 늑대 소년》《우리말 우리글》《웅진 지식그림책 박물관》 등이 있습니다.

그림 | 이우창

서울에서 태어나, 홍익대학교 판화과를 졸업했습니다. 그린 책으로 《내 친구 고양이》《난 이대로가 좋아》
《중국을 물리친 고구려 성》 등이 있고, 지금도 꾸준히 어린이책에 그림을 그리고 있습니다.
이 책의 그림을 그리면서 우리 역사상 대외적으로 가장 많은 힘을 뻗쳤던 고구려가 우리의 선조라는 사실을
보여 주고 싶었습니다. 고구려의 강인함은 자랑스럽고 친근감도 갖게 합니다. 이러한 모습을 보여 주기
위해 구도를 역동적으로 잡고, 당시 사람들에 대한 친근감을 느끼게 하기 위해 지금 우리의 모습과 닮게
그리려고 하였습니다.

감수 | 김영심

서울대학교 국사학과를 졸업하고, 같은 학교 대학원에서 한국 고대사를 전공하여 박사 학위를 받았습니다.
한국학중앙연구원, 서울대 규장각을 거쳐 지금은 가톨릭대학교 교양교육원 교수로 있습니다. 지은 책으로는
《한강에서 일어난 백제》《백제의 지방통치》(공저)《고대 동아세아와 백제》(공저) 등이 있습니다.

그림으로 보는
고구려 역사 1

글 이흔 | 그림 이우창

여원미디어

차례

새로운 나라 고구려

주몽이 알에서 태어나다 10

고구려를 세우다 12

세력을 키워 나가다 14

주몽의 뒤를 이은 유리왕 16

국내성으로 도읍을 옮기다 18

나라의 기틀을 다지는 고구려

부여의 콧대를 누르다 20

호동의 활약으로 낙랑국을 정벌하다 22

튼튼한 왕실, 넉넉한 살림살이 24

가난한 백성을 구한 고국천왕 26

형제끼리 임금 자리를 다투다 28

어려움을 딛고 성장하는 고구려

위나라를 물리치다 30

중국 세력을 몰아낸 미천왕 32

슬픔에 빠진 고구려 34

다시 일어서는 고구려 36

■ 고구려 역사 연표 38

새로운 나라 고구려

고조선의 뒤를 이은 나라들

단군왕검이 세운 고조선은 기원전 108년 중국 한나라의 침략으로 멸망하였어요. 그 뒤로는 한반도 북쪽의 부여가 가장 큰 힘을 떨쳤어요. 그중 일부 세력이 동쪽으로 옮겨 가 세운 나라가 동부여예요. 이때 한반도 동쪽에는 옥저와 동예, 중부 지역에는 마한, 남쪽에는 진한과 변한이 세력을 이루고 있었어요.

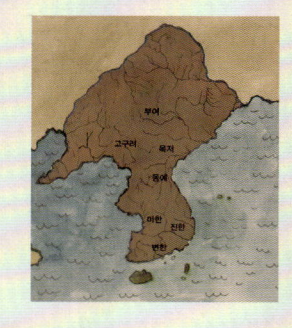

주몽이 알에서 태어나다

우리 겨레의 첫 나라 고조선이 멸망한 뒤의 일입니다. 한반도의 북쪽에 부여*라는 나라가 있었습니다. 어느 날 금와왕이 태백산 남쪽의 우발수 강가를 지날 때, 유화라는 여인을 만났습니다. 유화는 물의 신 하백의 딸로 귀양살이 중이었지요. 금와왕은 유화를 궁궐로 데려갔습니다. 그런데 햇빛이 유화를 따라다니더니, 얼마 뒤 유화는 큰 알을 하나 낳았습니다. 알에서는 잘생긴 사내아이가 태어났습니다. 아이는 어릴 적부터 활을 잘 쏘아 '주몽'이라고 불렸지요.

*부여 _ 당시 금와왕이 다스리던 나라는 동부여이나, 여기에서는 넓은 범위의 부여로 통칭하여 썼습니다.

동부여는 부여 왕 해부루가 동쪽 바닷가의 가섭원으로 도읍을 옮겨 세운 나라예요.

고구려는 하늘 자손이 세운 나라

옛사람들은 하늘은 햇빛과 비를 내려 주어 농사가 잘되게 하고, 또 천둥과 비바람을 불러와 두렵게 한다고 생각했어요. 고구려 사람들은 주몽을 그런 하늘의 뜻을 전하는 사람으로 섬겼어요.
나라를 세운 영웅들은 이런 생각을 널리 퍼뜨려 사람들의 우러름을 받으며 나라를 다스리고자 했어요.

고구려를 세우다

금와왕의 맏아들 대소와 신하들은 재주 많은 주몽을 죽이려 하였습니다.
주몽은 부여를 떠나 남쪽으로 도망쳤습니다. 그런데 뒤에서는 부여 군사들이 쫓아오고, 앞에서는 강물이 길을 막았습니다.
"나는 하늘의 아들이며 물을 다스리는 하백의 외손자요!
이제 어찌해야 합니까?"
주몽이 외치자, 물고기와 자라 떼가 떠올라 다리를 만들어 주었습니다.
무사히 강을 건넌 주몽은 압록강 가의 졸본에 이르렀지요.
많은 사람들이 찾아와 주몽을 따랐습니다. 기원전 37년 주몽은 새로운 나라 고구려를 세우고, 자신의 성을 '고'씨로 하였습니다.

고구려를 세운 졸본 땅
주몽이 새 나라를 세운 졸본은 압록강의 한 줄기인 비류수를 따라 넓은 들판이 펼쳐진 땅이에요. 이곳에는 주몽이 오기 전부터 '구려'라 불리는 사람들이 한나라 세력을 쫓아내고 마을을 이루어 살고 있었어요.

세력을 키워 나가다

졸본에는 여러 부족이 흩어져 살고 있었습니다.
그 가운데 송양이 다스리는 비류국이 가장 힘이 셌습니다.
송양이 주몽에게 말하였습니다.

다섯 부족이 이룬 나라

고구려는 졸본 땅에 사는 다섯 부족이 함께 다스리던 나라예요. 다섯 부족은 주몽이 이끄는 계루부와 그 밖의 비류부, 연나부, 관나부, 환나부예요. 각 부족마다 우두머리가 따로 있어 백성들을 다스렸고, 가장 힘센 부족의 우두머리가 왕 노릇을 하였답니다.

"나는 여기서 줄곧 왕 노릇을 하여 왔다.
그러니 그대는 나의 신하가 되는 게 마땅하지 않겠는가."
주몽은 송양과 힘을 겨루어 굴복시키고, 졸본의 왕이 되었습니다.
고구려의 세력은 나날이 커져 이웃의 말갈, 동쪽의 행인국과
북옥저 같은 작은 나라들을 차례로 정복했지요.

고구려의 첫 번째 도읍 졸본의 오녀산성
주몽은 처음에 비류수 가에 집을 짓고 살다가 송양을 굴복시킨 뒤, 졸본 땅 서쪽의 오녀산 꼭대기에 도읍을 정하였어요. 산꼭대기에 펼쳐진 너른 땅에 궁궐, 군사 기지, 창고 따위의 건물을 짓고, 깎아지른 절벽 위에 다시 성을 쌓아 적의 침입을 막았어요.

주몽의 뒤를 이은 유리왕

주몽이 왕이 된 지 19년째 되던 해, 부여에서 유리가 찾아왔습니다.
유리는 주몽이 부여에 있을 때 예씨 부인과 혼인하여 낳은 아들입니다.
어느 날 예씨 부인이 유리에게 말하였습니다.
"네 아버지는 남쪽에 새로운 나라를 세우셨다. 일곱 모가 난 돌 위의 소나무
밑에 아버지가 숨겨 둔 물건이 있단다. 반드시 찾아서 아버지를 만나거라."
유리는 숨어 있던 부러진 칼을 찾아 고구려로 왔습니다. 주몽은 몹시 기뻐하며 유리를
태자로 삼았습니다. 그해 주몽이 세상을 떠나고, 유리가 고구려의 두 번째
왕이 되었습니다. 유리왕은 아버지 주몽의 장례를 성대하게 치르고,
'동명성왕'이라 이름 지었습니다.

고구려 사람들은 해마다 압록강에 배를 띄우고 제사를 지냈는데, 이를 '동맹'이라고 해요. 왕은 많은 백성 앞에서 유화 부인이 주몽을 낳는 과정을 재현하는 제사를 지내며 결속을 다졌어요.

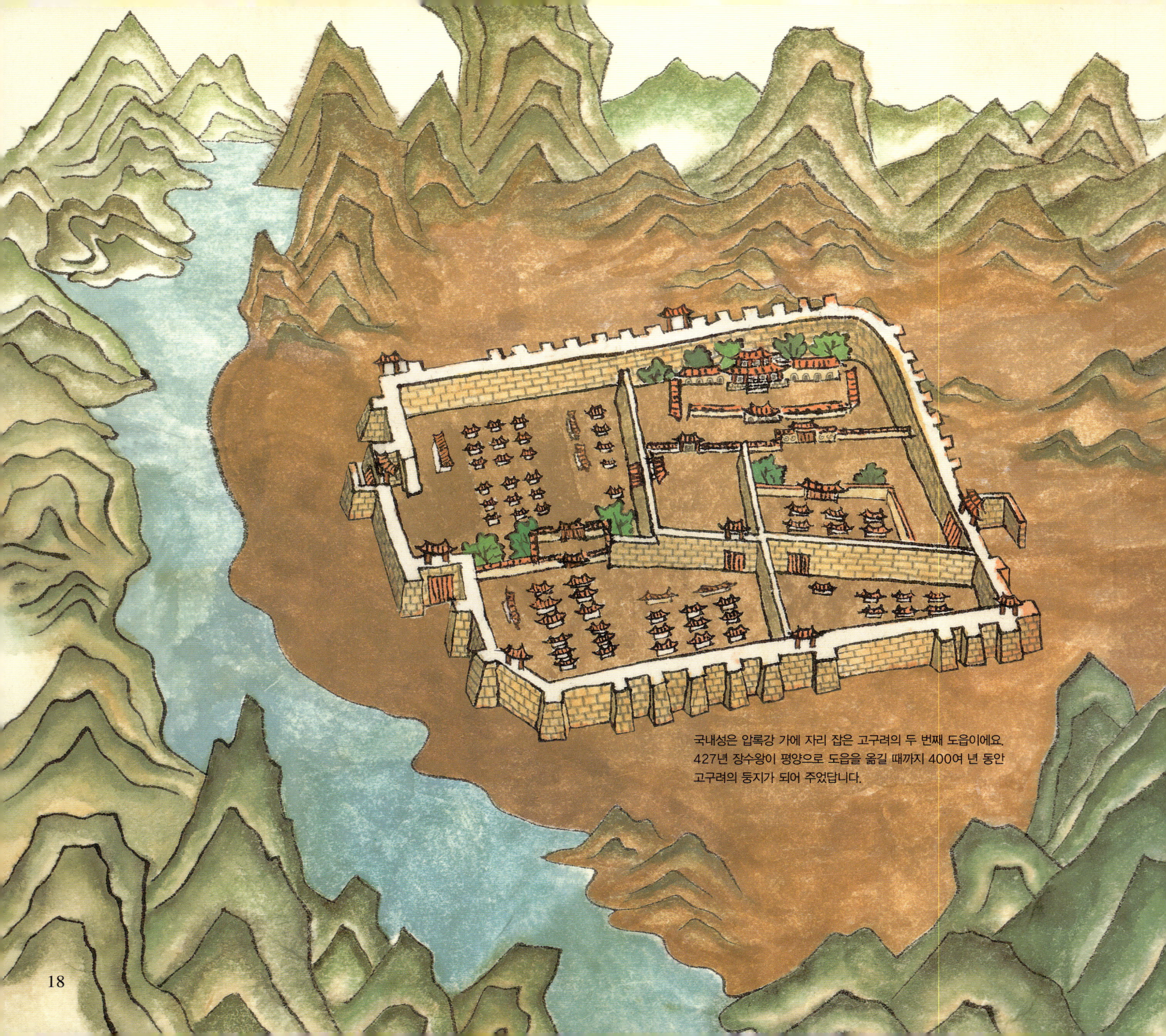

국내성은 압록강 가에 자리 잡은 고구려의 두 번째 도읍이에요. 427년 장수왕이 평양으로 도읍을 옮길 때까지 400여 년 동안 고구려의 둥지가 되어 주었답니다.

국내성으로 도읍을 옮기다

북쪽의 부여와 한나라, 선비족이 고구려를 자주 침입하자,
유리왕은 걱정이 많았습니다.
그런데 하루는 제사를 지낼 때 쓸 돼지가 달아났습니다.
한 신하가 돼지를 쫓아 압록강 가의 국내에 이르렀습니다. 주변을 둘러보니
산이 깊고 험하여 적의 침입을 막기에 좋아 보였어요. 또한 산짐승과
물고기가 풍부하고, 땅이 기름져 곡식을 키우는 데 알맞은 땅이었지요.
신하는 곧 유리왕에게 국내로 도읍을 옮기는 것이 좋겠다고 아뢰었습니다.
얼마 뒤 유리왕은 국내에 성을 쌓고 고구려의 두 번째 도읍으로 삼았습니다.
그리고 주변 나라들과 맞서며 고구려의 힘을 키워 갔습니다.

나라의 기틀을 다지는 고구려

부여의 콧대를 누르다

부여의 왕 대소는 고구려를 매우 업신여겼어요.
"고구려는 우리 부여에서 갈라져 나갔으니, 마땅히 부여를 섬겨야 한다."
유리왕의 대를 이은 대무신왕은 부여 정벌에 나섰습니다. 군사들의
사기는 하늘을 찌를 듯 높았지요. 고구려는 이 싸움에서 대소를 죽였고,
부여의 힘은 크게 약해졌습니다.
동쪽의 개마국과 구다국도 잇따라 대무신왕 앞에 무릎을 꿇었습니다.
고구려는 곧 압록강 주변에서 큰 힘을 떨치는 나라로 발돋움하였습니다.

부여와의 맞대결
대무신왕은 부여의 남쪽 국경, 땅이 진 곳에 진영을 마련하고
주위에 가만히 숨어 있었어요. 대소는 안심한 채 말을 타고
급히 달려왔기 때문에 진흙 구덩이에 빠져 오갈 수 없었어요.
대무신왕은 재빨리 장수를 보내 대소의 머리를 베었어요.

을두지의 꾀로 한나라를 물리치다

대무신왕 때 요동 땅의 한나라 태수가 쳐들어온
적이 있어요. 한나라 군사들이 성을 에워싼 채
고구려가 항복할 때를 기다렸어요.
이때 장수 을두지가 꾀를 내, 살아 있는 잉어를
좋은 술과 함께 한나라 장수에게 보냈어요.
적의 장수는 고구려 성안에 마실 물과 식량이
많아 고구려가 쉽게 항복하지 않을 거라고
생각해서 그대로 물러갔어요.

호동의 활약으로 낙랑국을 정벌하다

고구려 남쪽에는 낙랑국이 버티고 있었습니다. 낙랑국에는 적이 다가오면
저절로 울리는 북과 뿔나팔이 있어서 섣불리 공격하지 못하였지요.
하루는 대무신왕의 아들 호동 왕자가 사냥을 나갔다가 낙랑국 왕 최리를
만났습니다. 호동 왕자는 최리를 따라 낙랑국에 가게 되었습니다.
낙랑국 공주는 호동의 늠름한 모습에 마음이 끌렸어요.
"그대 나라의 북과 뿔나팔을 부수면 공주를 고구려로 데려가겠소."
호동은 낙랑국 공주를 시켜 북과 뿔나팔을 부수게 하였습니다.
대무신왕은 곧 군사를 몰고 가 낙랑국을 무너뜨렸습니다.

낙랑국을 정벌하라!
전쟁을 알리는 북과 나팔 소리가 고구려 궁궐에 울려 퍼졌어요.
왕 앞에서 사열식을 마친 군사들은 힘차게 전쟁터로 달려 나갔어요.

튼튼한 왕실, 넉넉한 살림살이

고구려 6대 태조 대왕이 다스리는 동안 고구려 땅은 더 넓어지고
나라 꼴도 잘 갖추어졌습니다. 동쪽 바닷가의 옥저와 동예를 굴복시키고,
한나라 세력이 버티고 있는 요동 땅을 공격하였지요. 한나라도 그런 고구려를
더 이상 얕잡아 보지 못하였습니다.
옥저 사람들은 표범 가죽, 물고기, 소금, 삼베 따위를 고구려에 바쳤습니다.
부여의 사신도 선물을 갖고 찾아왔지요. 덕분에 나라 살림은 매우 넉넉해졌습니다.
이제 태조 대왕은 전보다 더 큰 힘을 가지고 나라를 다스렸습니다.
다섯 부족이 번갈아 하던 임금 자리는 이때부터 계루부 고씨 차지가 되었습니다.

고구려 주변의 작은 나라 사람들이 조공이나
선물을 바치기 위해 국내성으로 들어왔어요.

가난한 백성을 구한 고국천왕

세월이 흘러 9대 고국천왕 때에는 왕비의 친척들 세력이 매우 커졌습니다. 이들은 권력을 믿고 백성들의 재물을 닥치는 대로 빼앗았습니다. 고국천왕은 군사를 보내 엄하게 다스리고, 왕을 도와 나랏일을 돌볼 사람을 찾았습니다. 얼마 뒤 압록곡에서 농사를 짓던 을파소가 가장 높은 벼슬인 국상으로 뽑혔습니다. 을파소는 잘못된 일을 모두 바로잡고 가난한 백성들의 살림을 돕는 제도를 마련하였습니다. 이때부터 나라가 직접 백성들을 보살피고 지방에는 왕의 명령을 받은 관리를 보내 다스렸습니다.

백성의 호소를 듣는 고국천왕
고국천왕이 사냥을 나갔는데, 한 젊은이가 길에 나와 울고 있었어요.
"저는 가난하여 품을 팔아 어머니를 모시고 사는데, 올해는 흉년이 들어 쌀 한 줌 구하기 힘드니 저절로 눈물이 나옵니다."
왕은 크게 걱정하며 가난한 백성을 도울 방법을 찾도록 명령하였어요.

형제끼리 임금 자리를 다투다

나라가 안정되고 왕의 힘도 커지자, 고국천왕은 아들에게 임금 자리를 물려주도록 정하였습니다. 지금까지는 형제끼리 서로 임금이 되려고 싸우는 바람에 나라를 잘 다스리기 어려웠지요.

그런데 197년 고국천왕이 아들 없이 세상을 떠나자, 고구려 왕실은 또다시 시끄러웠습니다. 왕비 우씨의 도움으로 왕의 둘째 아우인 연우가 임금 자리에 오르자, 큰 아우 발기가 반란을 일으켰습니다. 하지만 실패로 끝나고 말았지요. 새 임금 산상왕은 우씨의 도움이 크다고 생각하여 형수였던 우씨를 다시 왕비로 삼았습니다. 이렇게 되자 우씨는 두 번이나 왕비 자리에 앉게 되었습니다.

고구려 왕과 왕비의 행차
왕은 화려하게 수를 놓은 비단옷을 입고 흰 비단으로 만든 백라관을 머리에 썼어요. 왕비도 머리에 화려한 장식을 달고 곱게 화장하여 위엄 있게 꾸몄어요.

형의 부인을 아내로 맞는 풍습인 형사취수제
고구려에는 형이 죽으면 아우가 그 부인을 아내로 맞이하는 풍습이 있었어요. 또 형이 전쟁에 나가 죽으면, 아우가 그 가족과 재산을 떠맡아 지켰어요. 고구려 말고도 부여와 옥저, 동예에도 비슷한 풍습이 있었답니다.

어려움을 딛고 성장하는 고구려

동천왕을 구한 세 장수 밀우, 유옥구, 유유
위나라와의 싸움에서 밀우가 적군을 따돌리는 동안 동천왕은 가까스로 안전한 곳으로 빠져나갔어요. 유옥구는 적진에 쓰러진 밀우를 구해 왔지요. 그런데 위나라 군사들의 추격이 계속되어 동천왕은 다시 위험에 빠졌어요. 그때 유유가 위나라 진영에 음식을 가지고 들어가 항복하는 척하면서, 위나라 장수를 칼로 찌르고 자신도 목숨을 끊었어요.

위나라를 물리치다

산상왕의 아들 동천왕이 고구려를 다스릴 무렵, 중국은 위, 촉, 오 세 나라로 갈라져 싸움을 벌였습니다. 고구려는 이 틈에 요동으로 세력을 뻗으려 하였지요. 그런데 가장 힘센 위나라가 요동 땅을 차지하고는 고구려까지 넘보았습니다.
고구려는 오히려 강하게 나갔습니다. 242년 동천왕은 군사를 보내 요동으로 나아가는 길목인 서안평을 쳤지요. 깜짝 놀란 위나라가 공격해 오자 동천왕이 직접 싸움에 나가 크게 이겼습니다.
그러나 다시 쳐들어온 위나라의 작전에 휘말려 국내성이 무너지고, 동천왕은 옥저 남쪽까지 달아났습니다. 다행히도 충성스러운 세 장수가 동천왕을 구하고 위나라를 물리쳤습니다.

중국 세력을 몰아낸 미천왕

중국 여러 나라의 의혹이 계속되는 가운데, 14대 봉상왕은 나라를 제대로 돌보지 않았습니다. 백성들은 떠나고 적이 쳐들어와도 막아 낼 힘이 없었습니다. 국상인 창조리는 봉상왕을 내쫓고 을불을 새 임금으로 세웠지요.
새로 즉위한 미천왕은 나라의 힘을 길러 영토를 넓혔어요. 중국의 여러 나라가 싸우는 틈을 노려 서안평을 차지하고 요동으로 나아갈 수 있는 길을 열었지요.
이어 남쪽의 낙랑군과 대방군을 몰아냈습니다. 400여 년 동안이나 한반도에 버티고 있던 중국 세력을 아주 쫓아낸 것이지요.

임금이 된 소금 장수 을불
을불은 봉상왕의 조카예요. 봉상왕이 아버지를 죽이자, 숨어 살면서 소금 장사를 하고 있었어요. 어느 날 창조리가 보낸 신하들이 찾아와 말을 전하였지요.
"지금 임금은 인심을 잃어 백성들이 간절히 새 임금을 기다리고 있습니다."

슬픔에 빠진 고구려

고구려의 위신은 다시 땅에 떨어지고 말았습니다.
342년 고국원왕 때 북쪽에서 전연이 쳐들어왔습니다.
전연은 선비족의 모용 씨가 세운 나라입니다. 눈 깜짝할 사이에
도성이 짓밟혀 잿더미가 되고 많은 사람들이 끌려갔지요.
게다가 남쪽의 백지를 두 번이나 공격하였다가 크게 패하였습니다.
371년에는 백제의 근초고왕이 평양성까지 치고 올라왔습니다.
고국원왕은 백제군을 막으러 나갔다가 화살에 맞아 죽고 말았지요.
왕을 잃은 고구려 사람들은 치를 떨며 가까스로 슬픔을 삭였습니다.

불타는 환도산성
전연은 국내성 북쪽의 환도산성을 쑥대밭으로 만들고, 왕의 어머니와
왕비, 백성 5만 명을 끌고 갔어요. 또 고국원왕의 아버지인 미천왕의
무덤까지 파헤쳐 시신을 빼앗아 갔어요.

다시 일어서는 고구려

큰 시련을 겪은 고구려는 섣불리 전쟁을 벌이지 않았습니다. 그 대신에 나라를 새롭게
다져 다시 일어설 힘을 길렀습니다. 372년 소수림왕은 불교를 받아들이고
절과 탑, 불상을 세워 널리 퍼뜨렸습니다. 백성들 마음을 하나로 모으고,
부처를 모시는 마음으로 왕을 섬기도록 하려는 것이었지요.
교육 기관인 태학을 세워 인재도 길러 냈습니다. 이듬해에는 나라를 다스리는 법인
율령도 만들었습니다. 왕실의 위엄이 차츰 되살아나고 나라도 튼튼해졌지요.

인재를 기르는 태학
태학은 나라에서 세운 교육 기관이에요. 귀족 자녀들은
태학에서 활쏘기와 말 타기 같은 무예와 백성을 다스리는 데
필요한 유학, 역사, 글쓰기, 산수를 배웠어요.

율령을 반포하다

'율'은 죄지은 자를 다스리는 형법이고, '령'은 관리의 관등과 관직, 나라의 제도를 정한 행정법이에요. 율령을 반포한 뒤로는 귀족 회의에서 의견을 묻지 않고 법에 따라 나랏일을 처리하였어요.

고구려 역사 연표

고리자루 긴 칼
오녀산성 동쪽에 있는 훈 강가의 환런에서 출토되었다.

도깨비 기와
고구려는 삼국 가운데 기와를 가장 일찍 썼다. 국내성의 서북쪽에 쌓았던 환도산성에서 나온 기와이다.

기원전 37년
주몽, 졸본에 고구려를 세움.

3년
유리왕, 도읍을 국내성으로 옮김.

53년
태조왕 즉위, 이후 계루부 고씨가 왕위를 계승.

194년
고국천왕, 진대법을 실시하여 가난한 백성들을 구제.

오녀산성
광개토왕릉비에는 주몽이 졸본의 서쪽 산 위에 성을 쌓고 나라를 세웠다고 기록되어 있다. 이 성이 바로 중국 랴오닝 성 환런에 있는 오녀산성으로 추정된다.

기원전 **100** 년 　　　　　　　　　　　기원후 **100** 년

고구려 귀족
평안도에 있는 쌍영총 고분 벽화에 그려진 고구려 남자 귀족의 모습.

해뚫음 무늬 금동 장식
구슬을 박은 둥근 테 속에 태양을 상징하는 세발까마귀를 새겨 넣은 금동 장식이다.

242년
동천왕, 중국 위나라의 서안평을 점령.

313년
미천왕, 현도군을 비롯한 중국 세력을 몰아냄.

371년
백제가 평양성을 공격하여 고국원왕 전사.

372년
소수림왕, 불교를 받아들이고 태학 설립.

300년

200년

보습과 낫
고구려의 철제 농기구들로 보습은 땅을 가는 데 쓰고, 낫은 풀을 베는 등 여러 용도로 썼다.

안악 3호분 벽화의 주인 남자
미천왕의 무덤으로 추정되는 안악 3호분 벽화에 등장하는 남자 주인이다. 왕처럼 '백라관'이라는 모자를 쓰고 있다.

■■ 사진 출처 및 제공처

표지·연표 오녀산성, 해뚫음 무늬 금동 장식_시몽포토 |
　　　　　　무용총 수렵도, 고려자루 긴 칼, 고구려 귀족, 안악 3호분 벽화의 주인 남자_《조선유적유물도감》|
　　　　　　도깨비 기와_국립중앙박물관 | 보습과 낫_서울대학교박물관

※ 이 책에 사용한 모든 자료의 출처를 밝히기 위해 최선을 다했습니다. 빠지거나 잘못된 점을 알려 주시면 바로잡겠습니다.

■■ 일러두기

· 〈삼국사기〉 본기의 내용을 따랐습니다. 그래서 같은 내용이 〈삼국유사〉와 다를 수 있습니다.
· 맞춤법, 띄어쓰기는 국립국어연구원에서 펴낸 〈표준국어대사전〉을 기준으로 삼았습니다.
· 외국 인명, 지명은 국립국어연구원에서 펴낸 〈외래어 표기 용례집〉을 따랐습니다. 단, 중국 지명은 현지음에 따랐습니다.
· 역사 용어는 교육인적자원부에서 펴낸 〈교과서 편수자료〉에 따르되, 어려운 용어는 쉽게 풀어 썼습니다.
· 옛 지명은 ( ) 안에 현재 지명을 함께 적었습니다.
· 연도나 월은 1895년 태양력 사용을 기점으로 이전은 음력으로, 이후는 양력으로 표기했습니다.

탄탄 뿌리깊은 삼국사기 그림으로 보는 고구려 역사 1

펴낸이 김동휘 | **펴낸곳** 여원미디어(주) | **주소** 경기도 파주시 회동길 130(문발동) 탄탄스토리하우스
출판등록 제406-2009-0000032호 | 고객상담실 080-523-4077 | 홈페이지 www.tantani.com
글 이흔 | **그림** 이우창 | **감수** 김영심 | **기획** 아우라, 이상임 | **총괄책임** 김수현 | **편집장** 이정희 | **기획 편집** 최순영, 김희선
디자인기획 여는 | **아트디렉터** 김혜경, 이경수 | **디자인** 이희숙, 정혜란, 김윤신 | **사진진행** 시몽 포토에이전시
제작책임 정원성

판매처 한국가드너(주) | **마케팅** 김미영, 오영남, 전은정, 김명희, 이정희

ⓒ여원미디어 2008 ISBN 978-89-6168-174-2 ISBN 978-89-6168-209-1(세트)

※이 책은 저작권법에 따라 보호받는 저작물이므로, 무단으로 이 책 내용의 전부 또는 일부를 복사, 복제, 배포하거나 전산장치에 저장할 수 없습니다.
⚠ 주의 1. 책 모서리가 날카로워 다칠 수 있으니 사람을 향해 던지거나 떨어뜨리지 마십시오. 2. 보관 시 직사광선이나 습기 찬 곳은 피해 주십시오.

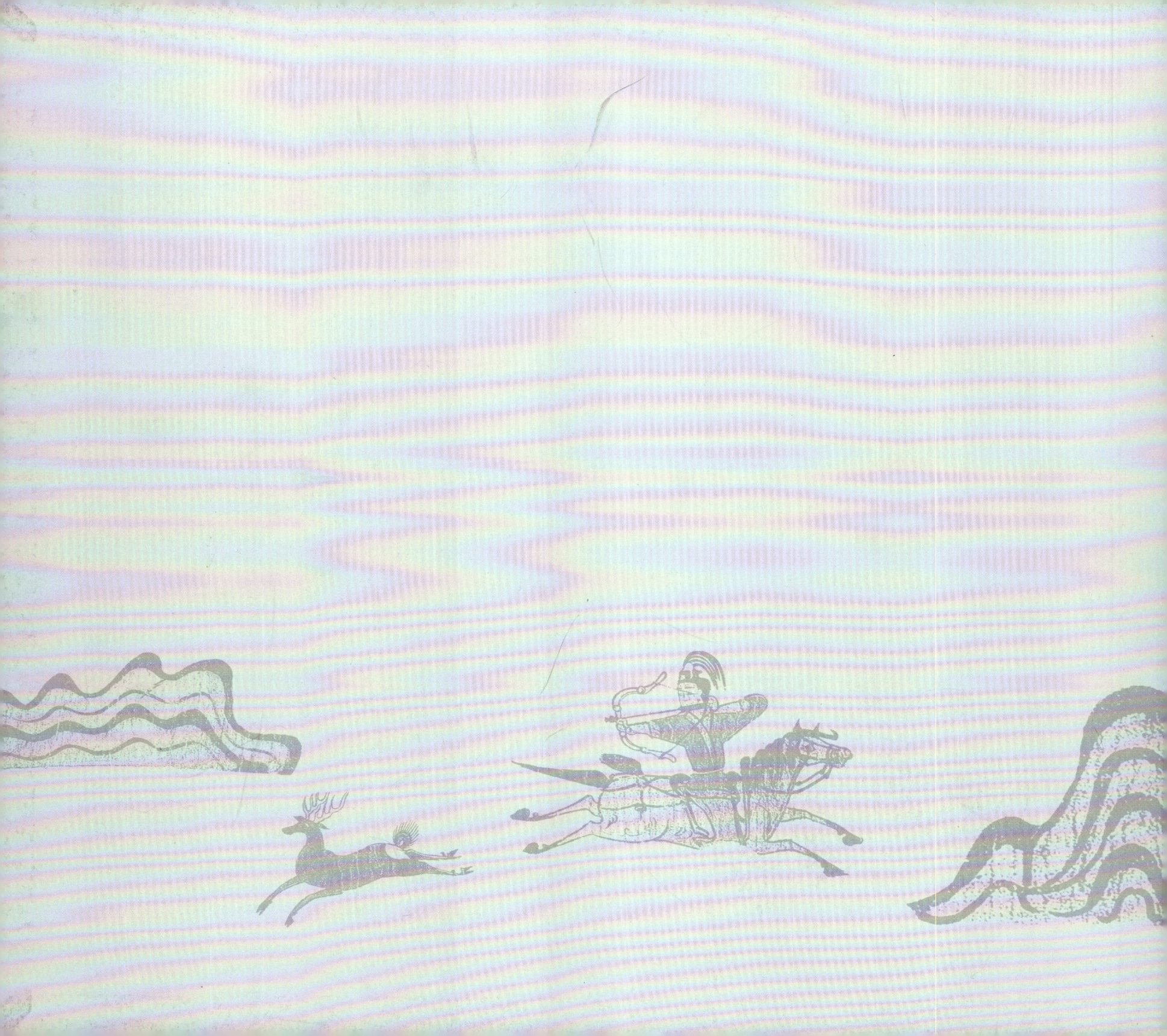